Jo Horstkotte

Das
Fürstenbergdenkmal
in Baden-Baden

Ein Engel aus Dankbarkeit
und
eine Engelswiese zum Entwickeln

Impressum

Das Fürstenbergdenkmal in Baden-Baden

Ein Engel aus Dankbarkeit und
eine Engelswiese zum Entwickeln

Dieses Buch wurde 2022 von Jo Horstkotte erstellt für den Verein

PKWS e. V.
Projekte in Kunst, Wissenschaft und Sozialem e. V.
Herrengut 8
D-76530 Baden-Baden

Herstellung und Verlag: BoD – Books on Demand, Norderstedt
ISBN: 9783756820788

Bibliografische Information der Deutschen Nationalbibliothek:
Die Deutsche Nationalbibliothek verzeichnet diese Publikation in der
Deutschen Nationalbibliografie; detaillierte bibliografische Daten sind im
Internet über dnb.dnb.de abrufbar.

Aus Gründen der besseren Lesbarkeit wird auf die gleichzeitige Verwendung der Sprachformen männlich, weiblich und divers (m/w/d) verzichtet. Sämtliche Personenbezeichnungen gelten gleichermaßen für alle Geschlechter.

Inhaltsverzeichnis

Vorwort

In diesem Buch wird beschrieben, wie ein kleiner Verein eine Renovierung eines Denkmals in Baden-Baden angeregt hat. Es gibt zahlreiche Denkmäler und Bauten, die oft leider dem Verfall preisgegeben sind. Nicht jeder Verfall, der das Desinteresse der Gesellschaft zeigt, ist negativ zu bewerten.

Das Fürstenbergdenkmal ragt heraus, weil es ein sehr oft missverstandenes und schönes Beispiel für den Umgang von Gästen mit Baden-Baden ist. Die Google-Einträge zum Engel und Fürstenbergdenkmal zeigen das Problem auf: scheinbares Desinteresse der Stadt und der Bürger, Interesse bei den Besuchern, mehr über das Bauwerk zu erfahren.

Bei der Stadtverwaltung haben wir ebenfalls zunächst Desinteresse angetroffen. Dann wurde mit Heinz Gehri der richtige Ansprechpartner gefunden und mit seiner Überzeugungskraft eine Renovierung zügig angeschoben. Die ca. 160.000 Euro reichten aus, um das Denkmal zu erhalten. Um es zu einem Teil der Stadt Baden-Baden fördernden Infrastruktur werden zu lassen, müssten weitere Maßnahmen wie Beleuchtung folgen.

Beim Schreiben des Buchs sammelten wir immer mehr Anregungen zur weiteren Nutzung der Engelswiese, die wir Ihnen im Kapitel

„Projekt Engelswiese" vorstellen, auch wenn es sich teilweise „nur" um Ideen und alte Geschichten handelt. Vielleicht lässt sich die Stadt Baden-Baden oder das Land Baden-Württemberg doch noch zu Änderungen überzeugen?

Die eigentliche Faszination dieses Denkmals und der Engelswiese liegt in der exponierten Lage und ihrer Ausstrahlung. Uns als Vereinsmitglieder regte dies zu weiteren Erkundungen an, wie z. B. einer Beleuchtung und damit verbunden der besseren Sichtbarkeit dieses Kunstwerks: Wenige Beispiele finden Sie auf den folgenden Seiten. Es wäre schade, wenn diese einfachen Schritte nicht gegangen würden!

Und so ganz nebenbei möchten wir anhand von historischem Material zeigen, welche Schätze und welches Verständnis der aktuellen Lage man in alten Bildern finden kann. Tauchen Sie mit uns in die Welt vor über 100 Jahren ein, eine Welt, deren Bilder leider oft unwiederbringlich verloren sind, stellen Sie sich eine Welt in 100 Jahren vor, in der die hier genannten Änderungen und neuen Baukörper wie selbstverständlich und immer schon da gewesen angesehen werden!

Baden-Baden, im August 2022

Jo Horstkotte

Die Zeit um 1870

Als das Fürstenbergdenkmal 1870 gebaut wurde, war das mittelalterliche Baden-Baden bereits seit 200 Jahren zerstört. Die Truppen des französischen Marschalls Graf Duras hatten es auf Befehl Ludwigs XIV. am 24. August 1689 in Schutt und Asche gelegt. Der Sonnenkönig, der Versailles wesentlich prägte, hatte hier im Rheingraben zahlreiche Schlösser und Städte zerstört. Von dieser Zerstörung erholte sich die Stadt erst Jahre später durch das Bauprogramm des Großherzogs Carl Friedrich (1728 bis 1811), so wurde das Promenadenhaus als Vorläufer des jetzigen Kurhauses ab 1766 gebaut.

Der Baudirektor Friedrich Weinbrenner erbaute 1824 einen nach ihm „*Weinbrennersaal*" genannten Teil des Kurhauses und erweiterte diese Bauten immer wieder entsprechend. Damals fand sich hier eine Sommergesellschaft ein, welche die Thermalquellen und mehr noch die Gelegenheit zum Spielen im Spielcasino nutzten. Königin Luise von Preußen kam seit 1850 zum jährlichen Sommeraufenthalt nach Baden-Baden. Dem Wunsch der Königin von Preußen entsprechend galt es „*die Badener Kur zu gebrauchen und die Landschaft genießen zu wollen*". Seit 1801 war das Glücksspiel konzessioniert und überwacht möglich.

Zum Publikumsmagneten wurde es durch die Aktivitäten des französischen Unternehmers Jacques Bénazet (1778 bis 1848), der Baden-Baden zur „*Sommerhauptstadt Europas*" machte. Es gab neben den auch jetzt noch beliebten Spielarten wie Roulette auch

Kostümbälle. Der optisch etwas nüchterne Weinbrennersaal wurde erweitert, letztlich dann doch durch einen pompösen Neubau mit viel Gold und Kronleuchtern, eben der jetzigen Spielbank (dem Casino) ersetzt. Der Sohn Eduard Oscar Bénazet führte dies weiter fort und ergänzte Pferderennen in Iffezheim. Leider setzte diesem Treiben der Deutsch-Französische Krieg von 1870/71 ein Ende; französische Gäste blieben aus, alle Spielcasinos in Deutschland schlossen 1872. Die Stadt forcierte daraufhin das Angebot an Badekuren und gesellschaftlichen Ereignissen. Übrigens durfte das Glücksspiel erst wieder nach einem Besuch Adolf Hitlers 1933 starten, aber das ist eine andere Geschichte.

Nun zum Neuen Schloss auf dem Florentinerberg, dem Berg, an dessen städtischer Seite die Thermalquellen entspringen und seit

Römerzeiten genutzt werden. Lassen wir einmal alle mittelalterlichen Geschichten weg, denn das Schloss wurde sehr weitgehend 1689 zerstört. Die Reste wurden teilweise aufgebaut, wesentlich 1843 bis 1847 als Sommerresidenz zu dem umgebaut was wir jetzt als das „Neue Schloss" kennen. In dieser Gestalt war es auch zur Entstehungszeit des Fürstenbergdenkmals zu sehen. Der Schlossgarten war damals öffentlich zugänglich und war, so sagt man, einer der Gründe für die Sommerhauptstadt, weil an diesem Florentinerberg eben auch Pflanzen wuchsen, die sonst nicht nördlich der Alpen überleben konnten.

Anscheinend waren die Schlossherren stets knapp bei Kasse, denn der Schlosskastellan, so wird es erzählt, zeigte zahlenden Besuchern um 1900 alle Festsäle und die herzoglichen Wohnräume. In der dem Ersten Weltkrieg folgenden kleinen Revolution wurde das Schloss als Privateigentum dem Haus Baden zugesprochen; damals wurden auch die Kunstgegenstände und Möbel aus dem Schloss Karlsruhe, welches verstaatlicht wurde, im Neuen Schloss eingelagert.

Baden-Baden   Das neue Schloss

An dieser Stelle sei der Spott eines Einwohners zitiert, der genüsslich darauf hinwies, dass dieses Neue Schloss dabei sparsam preußisch umgebaut wurde, aber in so hoher Qualität, dass es nur noch einmal zu Anfang des 20. Jahrhunderts renoviert wurde und erst im 21. Jahrhundert wieder das Dach geflickt wurde. Allerdings ist der Baukörper auch sehr wenig genutzt worden, zuletzt in wesentlichen Teilen in der Zeit nach dem Zweiten Weltkrieg als Badisches Historisches Museum, das ebenfalls den Namen „Zähringermuseum" trug *(Vorgänger des Wehrgeschichtlichen Museums Rastatt)* und liegt seit 1981 wieder im Dornröschenschlaf.

Die Kunstgegenstände sind jetzt nicht mehr vorhanden, da das Haus Baden 1995 diese in einer großen Auktion versteigern ließ. Das Schloss wurde 2003 verkauft, der angedachte Umbau zu einem fünf

Sterne-Hotel durch den jetzt kuwaitischen Besitzer erfolgte nicht. Vermutlich wird das Neue Schloss irgendwann von der Stadt zurückgekauft. Ob es dann als Sitz der Stadtverwaltung dient oder z. B. als Hochschule für Mode genutzt werden könnte, steht in den Sternen!

Zurück zu unserem Denkmal, das auf alten Postkarten auch als „Echo" bezeichnet wird. Ob es wirklich diesen Effekt gab oder ob dies an einer in geringer Entfernung stehenden Gastwirtschaft lag, ist nicht eindeutig überliefert.

Berühmte Persönlichkeiten und Attraktionen in Baden-Baden im 19. und 20. Jahrhundert:

- Der König Wilhelm von Preußen war 1848 bis 1888 Stammgast in Baden-Baden, entsprechend kam auch der Hochadel in die Stadt. Seine Büste steht vor der 1842 fertig gebauten Trinkhalle.

- Wie ungewöhnlich und ausschweifend dieses Leben und Leiden dieser damaligen High Society sein konnte, zeigt die 1866 erbaute Stourdza-Kapelle – ein Denkmal für den verstorbenen Sohn von Fürst Michael Stourdza, Herrscher von Moldau.

- Der berühmte deutsche Komponist Johannes Brahms (1833 bis 1897) war zunächst in den Sommermonaten 1863 bis 1865 in einem Hotel, später bis 1874 in einer Privatwohnung eingemietet; daran erinnern noch die *„Brahmstage"* in Baden-Baden, die alljährlich im Mai stattfinden.

- Als wesentliche Attraktion wurden Bäderkuren gefördert: Das Friedrichsbad, ein römisch-irisches Thermalbad, wurde 1877 fertig gebaut.

- Das Tennisspiel wird 1881 erstmals in Deutschland auf Anregung von Gästen in der Lichtentaler Allee eingeführt, wo noch jetzt der Tennisclub Rot-Weiß Baden-Baden aktiv ist.

- 1895 wird der Bahnhof an der Stadt gebaut, der jetzt als Festspielhaus den Gästen bekannt ist, die oft genug als Kinder mit einem Modell dieses Bahnhofs in Spielzeugeisenbahngröße vertraut waren.

- Der motorisierte Verkehr ermöglichte 1912 Hotelbauten wie das Schlosshotel „Bühlerhöhe" auf dem Kohlbergfelsen in 770 Meter Höhe im Nordschwarzwald.

- Kurz nach dem Ersten Weltkrieg entstand dem Geist der Zeit entsprechend 1919 die „Ooswinkelsiedlung" für einfache Bürger in der Weststadt von Baden-Baden.

Über die zahlreichen Hotelpaläste und die Jugendstilbauten finden Sie viele Hinweise im Internet, unser Ziel war, die Umgebung und das zeitliche Umfeld des Fürstenberg- bzw. Engelsdenkmals zu beschreiben!

Fürstenbergdenkmal am Hungerberg

Das Fürstenbergdenkmal liegt am Hungerberg in der Nähe des Herrenguts, an dessen Stelle heute die 1874 erbaute Villa Suckow steht. An das Herrengut erinnert nur noch der Straßenname, die Funktion der Versorgung für das Neue Schloss und die Stadt ist vor langer Zeit entfallen. Der gesamte Bereich Engelswiese und Hungerberg direkt neben dem Neuen Schloss wurde zur Bundesgartenschau 1981 völlig umgestaltet. So lässt sich erkennen, dass zum Zeitpunkt der Entstehung des Fürstenbergdenkmals eine sehr naturbelassene Fläche mit schönem Ausblick auf Schloss und Umgebung vorhanden war.

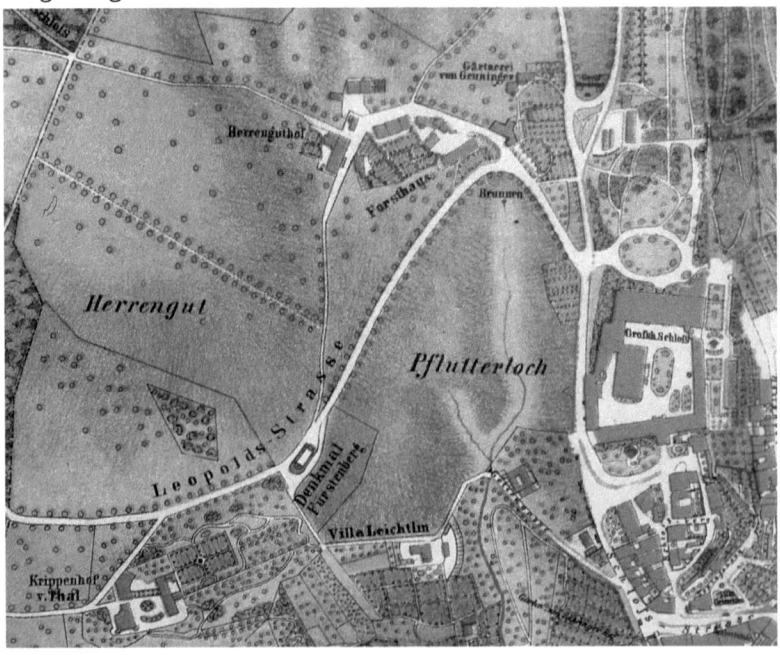

Das Fürstenbergdenkmal ließ Karl Egon III. Fürst zu Fürstenberg (1822 bis 1892) anlässlich eines Reitunfalls seines neunjährigen Sohns Karl Egon IV. Fürst zu Fürstenberg (1852-1896) mit dem schönen Ausblick auf das Neue Schloss 1870 über einer Terrasse aus rotem Sandstein errichten. Geschichte kann seltsam sein – der Vater kam 1892 bei einem Reitunfall in Paris ums Leben. Vielleicht lag es auch am frühen Tod seiner Frau im Jahr 1861, dass sich der Vater den Reitunfall seines Sohnes 1862 so zu Herzen nahm, dass er ein Denkmal erbauen ließ. Dieser Reitunfall seines Sohns war glimpflich verlaufen. Der Ort des Unfalls ist vermutlich identisch mit dem Ort des Denkmals. Zurück zum Sohn, dem Karl Egon IV. Fürst zu Fürstenberg: Er heiratete 1881 Dorothea Gräfin von Talleyrand-Perigord (1862-1948), starb vier Jahre nach seinem Vater im Jahr 1896 und hinterließ keine Erben. Somit war die schwäbische Stammlinie des Fürstenhauses Fürstenberg ausgestorben.

Die fürstlichen Verpflichtungen und Rechte gingen an den Familienzweig von Max Egon I. Fürst zu Fürstenberg (1822-1873), dem Bruder von Karl Egon III., über. Aus der Ehe mit Fürstin Leontina, geb. Gräfin von Khevenhüller-Metsch (1843 bis 1914) stammt Max Egon II. Christian Karl Aloys Emil Leo Richard Anton Fürst zu Fürstenberg (1863-1941). Aus dessen Ehe mit Irma Gräfin zu Schönborn-Buchheim entstammt als Ältester von fünf Kindern Karl Egon der V. Fürst zu Fürstenberg (1891-1973).

Interessant ist die Geschichte um Max Egon II., der als hochadeliger Großgrundbesitzer und Politiker ein enger Vertrauter Kaiser Wilhelms II war. Damit deutet sich an, wie wichtig manche Besuche gewesen sein könnten. Baden-Baden schien hier der Ort gewesen zu sein, an dem man sich traf, an dem Geschichte vorbereitet wurde.

Max Egon II. Fürst zu Fürstenberg lebte abwechselnd auf Schloss Lány *(Lana, heute Sommersitz der Präsidenten der Tschechischen Republik)* in seinen böhmischen Besitzungen, auf Schloss Heiligenberg in der Nähe des Bodensees, in Wien oder in Berlin. Für die zahlreichen Reisen benutzte er einen luxuriösen Salonwagen, der an die Schnellzüge angehängt wurde. Leider ist uns nicht bekannt, ob er auch so nach Baden-Baden reiste – möglich wäre es ab 1895 gewesen.

Die Freundschaft von Maximilian Egons II. mit dem deutschen Kaiser Wilhelm II. zeigte sich auch an den 14 Besuchen auf dessen Schloss in Donaueschingen als Jagdgast. Über die Reichweite und Wirkung des politischen Einflusses von Maximilian Egons II. kann man unterschiedlicher Meinung sein. Eine doch wohl treffende Bezeichnung aufgrund des guten Verhältnisses zu Erzherzog Franz Ferdinand von Österreich-Este (1863 bis 1914) nannte man ihn das lebendige Bindeglied zwischen den verbündeten Mächten Österreich-Ungarns und Deutschlands.

Maximilian Egon II. war Mitglied im preußischen Herrenhaus und in der ersten Kammer sowohl Württembergs als auch Badens. Aufgrund seiner vor allem seit dem Erbfall umfangreichen Besitzungen war er eine der reichsten Privatpersonen im Deutschen Kaiserreich. Im Ersten Weltkrieg diente Maximilian Egon II. zu Fürstenberg sowohl in der deutschen Armee als auch in der k. u. k. Armee (kaiserliche und königliche Armee) als Generalmajor (seit 4.

April 1918), meist als reitender bzw. fahrender Ordonnanzoffizier. Nach dem Ende des Ersten Weltkriegs verkaufte er seine Besitzungen in der neu entstandenen Tschechoslowakei und beschränkte sich auf seine deutschen Güter. In Donaueschingen begründete er 1921 die „Kammermusikaufführungen zur Förderung der zeitgenössischen Tonkunst", heute „Donaueschinger Musiktage", bei denen Komponisten wie Bartók, Hindemith, Schönberg, Webern oder Alban Berg Uraufführungen absolvierten. In Donaueschingen förderte er den *„Verein für Geschichte des Bodensees und seiner Umgebung"*, wofür dieser ihn 1934 (71-jährig) zum Ehrenmitglied ernannte. Baden-Baden wurde aber nicht vergessen, die Stadt bekam 1935 das Fürstenbergdenkmal geschenkt.

Politisch schloss sich Fürstenberg nach Angaben von Wikipedia dem Stahlhelm, dem Bund der Frontsoldaten an. Nach der *„Machtergreifung"* der Nationalsozialisten war er es, der im Zuge der *„Gleichschaltung"* den Stahlhelm in die SA und die NSDAP überführte. Nach einer Besprechung mit Hitler im November 1933 äußerte er sich begeistert: *„Es war herrlich, diesem einzig großen Mann gegenüberstehen zu dürfen."* Fürstenberg trat Mitte 1933 der NSDAP und der SA bei und wurde 1938 zum SA-Standartenführer ernannt. *„Neben opportunistischer Anpassung aus rationalen Kosten-Nutzen-Kalkulationen hatte den alternden Fürsten offenbar auch die emotionale Seite des allgemeinen Aufbruchs erfasst."*

Maximilian Egon II. starb am 11. August 1941 auf Schloss Heiligenberg in der Nähe des Bodensees.

Zustand und Renovierung 2020

Die lokale Tageszeitung von Baden-Baden schrieb am 20. Februar 2020: *„Das Fürstenbergdenkmal am Hungerberg mit dem Baden-Badener Schutzengel an der Leopoldstraße, das erhebliche Schäden aufweist, soll möglichst bald saniert werden. Um dies zu ermöglichen, hat der Hauptausschuss jetzt einstimmig überplanmäßige Ausgaben von 75.000 Euro gebilligt. Die Gesamtkosten für die Instandsetzung werden auf etwa 160.000 Euro geschätzt. Noch unklar ist die Höhe von Fördermitteln."* Das ganze Denkmalensemble befand sich in einem sehr schlechten Zustand. Unter anderem wiesen Teile der kleinen Säulen an der Balustrade große Sprünge und Risse auf, eine der Sitzbänke war bereits völlig zerbrochen. Auch der Engel schaute den Betrachter traurig an; die Finger und die Nasenspitze des Engels waren abgebrochen.

Die aufwendige Renovierung wurde Ende 2020 abgeschlossen und das Denkmal steht baulich im Zustand von 1870 vor uns – die Option, z.B. eine Beleuchtung einzubauen, konnte noch nicht umgesetzt werden.

Was ist eigentlich ein Engel?

Die Frage, was Karl Egon III. Fürst zu Fürstenberg unter einem Engel verstand, ist nicht einfach zu beantworten. Da wir bei dem Fürstenbergdenkmal auf einem christlich geprägten Kontext aufbauen, sollte man einen Engel als eine „Gattungsbezeichnung für himmlische Wesen" ansehen. Im Lateinischen heißt Engel „angelus" und bedeutet „Bote" oder „Gesandter". Engel sind in den christlichen und jüdischen, aber auch in den islamischen Lehren (geflügelte) Geistwesen von Gott erschaffen, um ihm zu dienen und treten als Mittler zwischen den Menschen und Gott meist in Menschengestalt auf.

Die Bibel nennt verschiedene Arten innerhalb der Millionen (Heerscharen) von Engeln, wie zum Beispiel Seraphim (Jesaja 6,2), Cherubim (Hesekiel 10, 1-3) und Erzengel wie Michael (Judas 9), der in Daniel 10,13 als „einer der höchsten Engelfürsten" bezeichnet wird, und Gabriel (Lukas 1,19.26). Dies legt eine Hierarchie unter den Engeln nahe. Die Anthroposophie nennt als Ziel der menschlichen Entwicklung ein Dasein als Engel. Der Evolutionsgedanke wird hier von Rudolf Steiner auf die spirituelle Entwicklung angewendet.

Diese Ausführungen sollen nur zeigen, wie komplex das Engelsthema sein kann, auch wenn es sich hier bei dem Engel des Fürstenbergdenkmals vermutlich „nur" um einen Schutzengel handelt, dem man aus Dankbarkeit ein Denkmal errichtet hat.

Bis zum 3. Jahrhundert nach Christus werden Engelsgestalten als Jünglinge in antiker Mantelumhüllung in den römischen Katakomben oder an den Sarkophagen dargestellt. Erst vom 4. Jahrhundert an werden bei der Darstellung riesige Flügel sichtbar. Die Engel tragen neben antiken Gewändern (Tunika) bisweilen eine Bekleidung eines Diakons (Alba, Stola, Dalmatika).

In der Buchkunst des 10. Bis 13. Jahrhunderts werden sie mit übergroßen Gesten gezeigt. Eher zierlich mit sprechendem Gesichtsausdruck erscheinen sie im 14. Jahrhundert.

Auf den großen Altären des 15. Und 16. Jahrhunderts wird den Engeln einen Mantel mit kostbarer Schließe umgelegt.

Der Erzengel Michael wird häufig entsprechend der biblischen Erzählung (Offenbarung 12.7 f.) mit einem teilweise flammenden Schwert dargestellt; ebenso als Ritter, der den Drachen durchbohrt. Erzengel Gabriel wird dagegen oft mit einer Lilie dargestellt, die für die Jungfräulichkeit steht und auf die Verkündigung an Maria verweist.

Schutzengel

Betrachten wir die spirituelle Welt der Entstehungszeit des Fürstenbergdenkmals. Ein Engel als Verbindung zum Göttlichen wird im 19. Jahrhundert als völlig normal angesehen. Entsprechend der religiösen Vorstellung begleiten Schutzengel den Menschen ihr Leben lang und wachen über sie. Die Menschen sahen Engel als wirkliche, intelligente Wesen und Helfer an.

Der Schutzengel begleitet den Menschen bis zu seinem Tod, was man auch als Übergang in andere Dimensionen bezeichnen kann – je nach eigener Glaubensausrichtung. In manchen Situationen kann es dazu kommen, dass der Mensch den Engel sehen kann – oder seine Botschaft hören kann.

Im 15. und 16. Jahrhundert hat sich die Verehrung der Schutzengel in der Liturgie der katholischen Kirche verbreitet. Das Schutzengelfest für die katholische Kirche legte Papst Clemens X. 1670 auf den 2. Oktober fest.

Im katholischen Erwachsenen-Katechismus lesen wir in Bezug auf Schutzengel: *„Auch die Engel sind in Christus und auf Christus hin geschaffen."* Schließlich sind die Engel personale Gestalten des Schutzes und der Fürsorge Gottes für die Gläubigen. In dem bekannten Psalm (und Kirchenlied)

‚Wer im Schutz des Höchsten wohnt‘, wird das Vertrauen und die Zuversicht in Gott auch damit begründet: *‚Denn er befiehlt seinen*

Engeln, dich zu behüten auf all deinen Wegen' (Psalm 91,11). So sind die Engel *,dienende Geister ausgesandt, um denen zu helfen, die das Heil erben sollen'*. Ausgehend von solchen Aussagen hat sich in der Frömmigkeitsgeschichte der Kirche der Glaube herausgebildet, Gott habe jedem Gläubigen, ja jedem Menschen einen besonderen Schutzengel beigegeben.

Diese Glaubensüberzeugung stößt heute, zumal in der verniedlichenden Form eines falschen Kinderglaubens, auf Skepsis. Sie hat indes – recht verstanden – einen Anhalt in der Aussage Jesu über die Kinder: *,Ihre Engel im Himmel sehen stets das Angesicht meines himmlischen Vaters'* (Matthäus 18,10). Sie bringt nochmals zum Ausdruck, dass die sichtbare Welt eine unsichtbare Tiefendimension besitzt und dass jeder einzelne Mensch, auch und gerade das kleine Kind, vor Gott einen unendlichen Wert besitzt. Die Engel sind uns Helfer und Bürgen dafür, dass unsere Hoffnung und Sehnsucht nicht ins Leere gehen, dass uns der Himmel offensteht.

Seit der Renaissance finden wir das Schutzengelmotiv in der darstellenden Kunst. Gerade in der Kunst des 19. Jahrhunderts erlebte das Motiv des Schutzengels eine weite Verbreitung und wurde sehr beliebt, forciert durch die Bilder der Nazarener. Dies war eine romantisch-religiöse Kunstrichtung, die deutschsprachige Künstler zu Beginn des 19. Jahrhunderts gegründet hatten. Der religiöse Charakter der Engelbilder trat allerdings im Gegensatz zum mittelalterlichen Bildtypus *(der Engel begleitet die Seele bis zum Tod)* zunehmend in den Hintergrund. Als künstlerisches Motiv wurde es vom ausgehenden 19. Jahrhundert an in Form der sogenannten Schutzengelbilder als Wandschmuck in beiden Konfessionen zunehmend beliebter. Gezeigt werden oft Schutzengel, die Kinder beschützen.

Der Engel – ein unterschätzter Kunstschatz
Eine kunsttheoretische Betrachtung von Claus Kohr

Karl Egon Fürst zu Fürstenberg III. (1822 bis 1892) ließ das Denkmal oberhalb des Neuen Schlosses 1870 errichten. Es ist ein Dank an den Schutzengel seines Sohns Maximilian Egon II. zu Fürstenberg, der einen Reitunfall acht Jahre zuvor unbeschadet überstanden hatte.

Das Bauwerk wurde von Theodor Diebold (1817 bis 1872) entworfen. Vor uns sehen wir eine Terrassenanlage mit einem halb offenem „Rundtempel". Die halbrunde Säulenhalle mit ihren Sitzbänken liegt im Westen. Mittig vor dem Säulengang steht auf einem hohen Sockel die Statue des Schutzengels, der von Franz Xaver Reich (1815 bis 1881) ausgeführt wurde. Dieser Franz Xaver Reich wurde bereits 1842 von der Familie zu Fürstenberg gefördert. Für die Architektur und Plastik wurden vier Gesteinsarten verwendet. Der Sockelbau besteht aus rotem Sandstein, der übrige Bau aus weißem bzw. hellgrauem Sandstein, der Engel und die zugehörige Säule aus weißem Marmor. Die Säule steht auf einer achteckigen grauen Granitplatte, die von einer kreisrunden roten Sandsteinplatte des Unterbaus getragen wird.

Der Bau selbst ist dreiteilig, nimmt man den Engel hinzu vierteilig geordnet. Der architektonische Unterbau, der durch fünf Bögen in Scheinarkaden gegliedert ist, wirkt wuchtig. Tektonisch gleicht er die steile Hanglage aus, an welcher das Denkmal gelegen ist, sodass von diesem auf der begehbaren Höhe wenig in Erscheinung tritt. Der Blick des Besuchers ist vorwiegend auf die Terrasse und den halbrunden offenen „Tempel" gerichtet, in dessen Mitte die Gestalt des Engels erhöht auf einer Säule steht. Nach der 2020 durchgeführten Restauration leuchtet das von der Sonne erhellte weithin sichtbare Denkmal erhaben über die vor ihm liegende Niederung.

Das Denkmal weist einige Besonderheiten auf. Nach Auffassung des Autors wurde seine Qualität bis heute unterschätzt. Dies liegt vielleicht daran, dass der eklektizistische Einsatz der Stilmittel (verschiedene Stile wurden verarbeitet) bei seinen Kritikern mit Vorurteilen behaftet, negativ besetzt sind. Die verwendete Symbolik der Ornamente und der plastischen Bauformen sind nicht rein dekorativ verwendet, bei näherer Betrachtung erschließt sich ihr tieferer Sinn.

Sowohl der Baurat als auch der Bildhauer zeigen im Einsatz der Mittel Tiefe. So haben wir es schon bei der Darstellung des Engels mit einer Besonderheit zu tun. Wir kennen viele Engelsdarstellungen, die auf Friedhöfen und bei anderen Gelegenheiten in Erscheinung treten. Ihre naturalistische, sinnliche Darstellung wirkt oft sentimental. Es fehlt ihnen das Geistige. Franz Xaver ist es gelungen, orientiert an der menschlichen Gestalt ein geistiges Wesen darzustellen. Der Typus, den er wählt, entspricht dem Archetyp des himmlischen Boten, der von vielen bedeutenden Künstlern seit der Antike dargestellt wurde. Auch Michelangelo Caravaggio gelingt es, diesen Typus in seiner Transparenz darzustellen. Von den antiken Bildhauern wird der Götterbote in Gestalt des Hermes dargestellt. Über diesen Typus wird eine charakteristische Konstitution sichtbar, die als offen und fließend bezeichnet werden kann. Das zugehörige Element ist Wasser. In der Lockenpracht des Engels sehen wir die Wellen, die das Haupt umfließen.

Die Skulptur zeigt nicht wirklich eine geschlossene Kontur, die plastische Oberfläche bleibt offen, wirkt impressionistisch dem Licht abgelauscht. Dies unterscheidet das Kunstwerk von den allermeisten Engelsdarstellungen. Dieser Bote erscheint auch nicht ausdrücklich im christlichen Kontext, denn er trägt ein griechisches Gewand. Verstärkt wird dieser Eindruck durch die Säule, auf der er steht. Das Denkmal ist nicht eigentlich christlich, es ist aus einem griechischen Geist geschaffen. Die Konzeption bleibt aber hier nicht stehen, sondern weist in die Zukunft. Der Säulenrundgang liegt im Westen, zu dem hin der Betrachter geführt wird. Wir sehen nicht eine Apsis, die nach Osten gerichtet ist, vor welcher der Gläubige sich dem Gebet hingibt.

Das Denkmal wurde aus griechischem Geist geschaffen. Im Westen liegt ein halbkreisförmigen Säulengang, zu welchem der Betrachter vom Osten herkommend geführt wird. Das an eisenoffenen Tempel erinnernde Gebäude liegt in Ost-Westrichtung, so dass wir es nicht eine Abbiss nach Osten gerichtet finden, sondern einen Wandelgang mit steinernen Bänken, die zum Verweilen einladen. Zu Besinnen gibt es viel, die Sinn erfüllte Symbolik gibt dem Besucher manches

Rätsel auf. Einige Bauelemente sollen hier der näheren Betrachtung unterzogen werden. Der Baukunst und deren plastischen Elemente werden wir nicht gerecht, wenn wir sie allein unter dem Blickwinkel des dekorativen Eklektizismus deuten, oder naturalistische Vorstellungen der künstlerischen Inspiration hinterlegen. Die Faszination die in uns bis heute die Antike auszulösen vermag entzieht sich zunächst der intellektuellen Begründung. Die griechische Kunst entspringt dem Mysterienwesen - hier werden kosmische Gestaltungskräfte erlebbar - die in der Natur ihre Wirksamkeit entfalten, und über die Kunst als kulturelle Schöpfung auferstehen. Wir treten durch unser Begehen und Betrachten in Resonanz, zunächst ist dies ein Empfinden, welches über das Besinnen zur Erfahrung werden kann. Der Wandelgang im Westen ist in diesem Sinne der Zukunft zugewandt. Wie in der Antike, lädt er zum Gespräch, zum Philosophieren ein.

Was ging dem Denkmalentwurf voraus?

Es verwundert ja, dass der glücklich endende Reitunfall des Fürstensohnes zu einem solch aufwendigen Denkmal führte. Es ist Dankbarkeit und wir können uns fragen, was führt zu einer solchen Dankbarkeit. Leid-Erfahrung ist es doch, die den Menschen zur Dankbarkeit führt. Der Autor sieht auch nicht ein Motiv im fürstlichen Handeln, sich selbst ein Denkmal zu setzen. Es scheint ihm eher um das Verdeutlichen einer geistigen Haltung zu gehen. Zwei Jahre bevor der Fürstensohn den Unfall hatte, verstarb dessen fürstliche Mutter. Die Beziehung zum Gatten wird als innige beschrieben. Gibt dies nicht Anlass, den „Engel" als Boten in seiner Botschaft zu sehen?

Es handelt sich bei diesem Denkmal nicht um ein Grabmal, auch nicht um Trauer über ein Ereignis, im Vordergrund stehen die Auferstehung und Hoffnungskräfte. Der Engel ist im weitesten Sinne eine Friedensbotschaft.

Die weitere Betrachtung gilt nun der Verdeutlichung dieses Baugedankens durch Vertiefung in die Details. Der Architrav, der halbrunde waagrechte Stützbalken, vor dem der Engel steht und seine rückwärtige Ansicht umschließt, zeigt einen Wechsel ornamentaler pflanzlicher Motive in Kassetten gefügt. Der hier eingesetzte Formenschatz orientiert sich aller Vermutung nach an Vorgaben Friedrich Schinkels (Baumeister 1781 bis 1841) und seinem 1834 veröffentlichtem Werk „Vorlagen zur praktischen Baukunst", in welchem diese für die am Bau tätigen Bildhauer seiner zeit Angaben für den Einsatz von „Kunst am Bau" vorstellte.

Schinkel interessierte sich sehr für die Forschungen Johann Wolfgang von Goethes. Dieser hatte die Metamorphose der Pflanze entdeckt und beschrieben. Die am Architrav erscheinenden vegetativen Formen zeigen Stufen der von Goethe beschriebenen Pflanzenmetamorphosen, z. B. die durchwachsene Blüte. Die Pflanzenformen erscheinen jedoch hierdurch nicht in einem Bezug zur Erde, sondern als sinnenfällige Idee, als irdisches Abbild geistiger Gesetzmäßigkeiten. Dies ist die Sphäre, welcher auch die Engel angehören. Sie berühren ja selbst auch nicht die Erde, stehen also eine Stufe höher als der Mensch; hier auf dem Sockel.

Nun gibt es aber noch andere himmlische Repräsentanten der griechischen Götterwelt. Man denke hier an das Rätsel der Sphinx aus der Ödipus-Sage, welches Ödipus zur Aufgabe gestellt wurde. Dieser konnte es als Einziger lösen.

„Es ist am Morgen vierfüßig, am Mittag zweifüßig, am Abend dreifüßig. Von allen Geschöpfen wechselt es allein mit der Zahl seiner Füße; aber eben wenn es die meisten Füße bewegt, sind Kraft und Schnelligkeit seiner Glieder ihm am geringsten." Ödipus' richtige Antwort war: *„Du meinst den Menschen, der am Morgen seines Lebens, solange er ein Kind ist, auf zwei Füßen und zwei Händen kriecht. Ist er stark geworden, geht er am Mittag seines Lebens auf zwei Füßen, am Lebensabend, als Greis bedarf er der Stütze und nimmt den Stab als dritten Fuß zu Hilfe."*

So gibt uns dieses Denkmal seine Rätsel auf, indem es uns in seiner Gestalt, seiner Gliederung und Symbolik zu einer vertiefenden Betrachtung einlädt.

Die Bilder auf den nachfolgenden Seiten sollen einen Eindruck vermittel, welche Farben einen anderen Eindruck bewirken. Der Herausgeber hat sich die Freiheit genommen, Proportionen zu verändern, auch sind die Farben diskussionswürdig!

Engelsdenkmal – architektonische Beschreibung

A: Zentrales Standbild / Bauplastik Engel

B: Basis

C: Sockel (Plinthe) achteckig

1: Runde = halbe Rotunde mit Säulenarkade

2: Säulenkapitell einer quadratischen Säule oben kassettiert

3: Akroterion als Palmette

4: Vollplastik Vase

5: Stirnstein des Frieses mit Palmettenmotiv

6: florale Muster: Metopenmotiv Rosette

7: Armlehne der Sitzbank als Volute

Zur Basis ist zu sagen, dass diese quasi das Gegengewicht zum Engel darstellt. Auch der Übergang von einem runden Sockel auf eine achteckige Form erscheint zunächst unspektakulär, auch wenn dieser Sockel („*Plinthe*") sich anschließend wesentlich vergrößert. Wenden wir uns deshalb dem Umfeld zu:

Der Säulengang, auch Rotunde genannt, – ein nicht mehr so oft benutzter Begriff. Auf diese „halbe Rotunde" bezogen bedeutet dies mehr als die banale Aussage „*Baukörper mit kreisförmigem Grundriss*". Eine Rotunde wie bei diesem Denkmal soll eine Ähnlichkeit mit klassischen Baukörpern erzeugen, wie wir diese als Pantheon in Paris oder Rom kennen. Gerade zu dieser Bauzeit war es üblich und von den Betrachtern zu verstehen, dass hier eine Ähnlichkeit mit einem Göttertempel bewusst erzeugt wird, auch wenn eine Kuppel nicht vorhanden ist.

Die Säulenarkade ist eine alte und immer wieder architektonisch neu gestaltete Form von Säulen, die einen Arkadengang entstehen lassen und gegen Sonne und Regen schützen können. Der so entstehende Baukörper ist typisch für diese Zeit, die einerseits sich als modern und wegbereitend versteht, zum anderen ganz klar klassische Baustile nutzt und zu einem Neuen vereint. Denn auf den eckigen Säulen entsteht ein komplexer Dachkörper, der griechischen Tempeln angenähert erscheint und dennoch nicht zuzuordnen ist.

Es sind nur zwei Säulen im vorderen Bereich rechteckig wie eine Annäherung an ein Haus geformt, alle anderen Säulen sind rund. Die Säulenkapitelle sind deutlich ausgeprägt und dennoch schlicht. Das kann daran liegen, dass die anderen floralen Muster nicht übertönt werden sollen und insgesamt ein zurückhaltendes, eher den kundigen Besucher ansprechendes Ganzes entstehen sollte.

Dennoch sind neben dem floralen Muster, insbesondere in Palmwedelform („Palmette") auch die Anordnungen sehr interessant:

- Die Akroterien zu beiden Seiten, die ein wenig nach einem verirrten Säulenfortsatz aussehen, dienen als Schmuck der auslaufenden Dachschrägen an den Giebelecken.

- Sie sind ebenfalls mit der Palmette (französisch für „Palmbäumchen") geschmückt, was eine symmetrische Abstraktion eines Blattes der Fächerpalme darstellt. Dies ist seit der Antike ein beliebtes Ornament in der Architektur und Vasenmalerei.

- Diese Palmetten finden sich auch an der Stirnseite sowie über den Säulen und ergeben mit den beiden Vasen einen Raum für Interpretationen. Zur Entstehungszeit wurden aus der Antike abgeleitete Vasenformen oft zur Gestaltung von Hochbauten und Gärten eingesetzt.

- Wenn man möchte, kann man die Vase als Behältnis für die überquellende Lebenserfahrung ansehen, die beiden Akroterien als Abweiser und Abschirmung gegen den ungewollten Blick und Zugriff verstehen. So wird die vermutliche Intention des Denkmals, der Dank für die Rettung in einem Unfallgeschehen, welches einem die Wege zwischen Himmel und Hölle aufzeigt und wie eng diese nebeneinander sein können, vielleicht verständlicher.

Damit zu den Plätzen für den gemeinen Besucher: Der Säulengang ist mit Sitzflächen rundum versehen, die zur Ansicht hin mit Lehnen in Form einer Volute abgeschlossen wurden. Damit wird auch die Differenz zwischen den unteren massiveren Baukörper und den Säulen geschickt ausgeglichen. Die s-förmig gebogene Form mitsamt den zwei eingerollten Enden, den eigentlichen Voluten, ist sehr typisch, hier aber sogar in Andeutung eines Fußes künstlerisch gestaltet.

Der Unterbau des ganzen Denkmals ist aus rötlichem Sandstein gefertigt worden, um deutlicher die Beziehung zum „normalen" Umfeld auszudrücken. Nach Süden hin, dem offenen Hang zu sind fünf Scheinarkaden eingegliedert. In der ganz linken Arkade war lange Zeit ein kleines Loch offen zugänglich, durch das man in den Schacht unter dem Denkmal gelangen konnte; dieser ist mittlerweile verschlossen. Der Blick von den Arkaden auf die Stadt ist beruhigend und anders als der Blick von der eigentlichen Denkmalsebene, der derzeit vom Baum vor dem Denkmal dominiert wird und sich mehr auf das Schloss richtet.

Fazit: Was zunächst „nur" wie eine Engelsdarstellung aussieht, ist eine sehr komplexe Anordnung, bei der kein Detail fehlen oder verändert werden sollte.

Engelswiese

Unterhalb des Fürstenbergdenkmals befindet sich die sogenannte Engelswiese, die im Rahmen der Landesgartenschau 1981 wesentlich umgestaltet wurde. Allerdings wirkt sie im Jahr 2022 bislang wenig eindrucksvoll; vielmehr handelt es sich derzeit um eine Wiese, unter der ein schattiger Kinderspielplatz liegt, von dem ein sehr schattiger Weg zum Parkhaus des Kaufhauses Wagener führt.

Baden-Baden ist als internationale Kur- und Bäderstadt bekannt und mit Grünflächen reich gesegnet. Was jedoch fehlte, waren Grünanlagen für die Bevölkerung abseits des Kurbetriebs an der Oos. Mit dem Gartenschaugelände, das sich wie ein Hufeisen um die Innenstadt zog, wurde die Lücke damals geschlossen. Schwerpunkte der Landesgartenschau waren die Darstellung traditioneller Wirtschaftsweisen, der bäuerlichen Kulturlandschaft sowie des Wein- und Obstanbaus. Von städtebaulicher Bedeutung waren flankierende Baumaßnahmen wie der Schlossbergtunnel. Nachdem er gebaut war, konnten bisher wenig genutzte sonnige Bereiche mit herrlichen Ausblicken für die Bürger erschlossen und damit auch Stadt und Landschaft verbunden werden.

Projekt Engelswiese

Wie lässt sich diese derzeit wenig genutzte Engelswiese unterhalb des Fürstenbergdenkmals in der Nähe des Neuen Schlosses in Baden-Baden für Besucherinnen und Besucher, aber auch für Einheimische neu beleben? Denn von der Fußgängerzone oder einem entsprechenden Parkhaus ist sie schnell und leicht zu erreichen.

Bei den Diskussionen darüber stellten die Autoren immer wieder fest, dass die einen nur eine Fläche für die Einwohner zum Amüsement oder Gassi gehen mit dem eigenen Hund und andere eine zusätzliche Attraktion für die Stadt Baden-Baden suchen. Die Autoren gehören zu letzterer Gruppe und waren über ihre Besucherklientel erstaunt. Denn Baden-Baden vergleicht sich eher mit Karlsruhe oder Freiburg und nicht mit den Nachbarstädten Rastatt oder Bühl.

Einige Zahlen aus dem Jahr 2019 (vor der Corona-Pandemie) sollen dies belegen:

- Übernachtungen in Baden-Baden, der Stadt mit 55.185 Einwohnern: 1,147 Millionen, davon 500.235 von Touristen mit Hauptwohnsitz außerhalb Deutschlands.
- Die wesentlich größere Stadt Karlsruhe mit 312.060 Einwohnern konnte 1,149 Millionen Übernachtungen verbuchen, davon 267.000 von Menschen mit Hauptwohnsitz außerhalb Deutschlands, ein ganz

erheblicher Teil davon wird beruflich in Karlsruhe gewesen sein.

Als Baden-Badener muss man zuerst die schwierige finanzielle Situation der Stadt und insbesondere des Gartenbauamts nennen, – sonst wäre der vorgenannte Städtevergleich unpassend. Die Engelswiese wurde zuletzt im Rahmen der Landesgartenschau 1981 umgestaltet.

Zur Stadt hin, die einen sagen Richtung Fußgängerzone, die anderen zum Kaufhaus Wagener mit Parkhaus hin, befindet sich ein zeitweise gut genutzter Kinderspielplatz. Allerdings konnte der Autor auch beobachten, dass andere moderne Kinderspielplätze eine erheblich stärkere Nutzung aufweisen, was vor allem auf die Anlage, Größe und Nutzerfreundlichkeit zurückzuführen ist und weniger auf das direkte Wohnumfeld.

Gesamtkunstwerk Engelswiese

Das jetzige Gesamtkunstwerk „Engelswiese" lässt sich, auch wenn man dies erst auf den zweiten Blick erkennt, in verschiedene Räume unterteilen. Unter dem Fürstenbergdenkmal, dem namensgebenden Engel der Wiese, ist eine schöne Sommerwiese, die durch angelegte Wege erwandert werden kann. Zum Schloss hin erkennt man ein kleines Tal mit einer Quelle und weiter nach unten einen wilden Wald, den man schnell durcheilen will.

Es lohnt sich, diese Teile einzeln zu beschreiben, wenn man als Gesamtziel einen Platz für Bürger schaffen möchte. Als „Bürger" sind gemeint: Einwohner, Tagesgäste oder auch die Übernachtungsgäste – und was oft vernachlässigt wird: die Menschen, die hier arbeiten und hier vielleicht auch den Feierabend nutzen wollen, bevor es in die umliegenden dörflichen Ortschaften geht. Diese Zielgruppen sind bislang eher aus der City von Baden-Baden hinausgefahren, was bei dem Umfeld an Naturschönheiten im Umkreis von wenigen Kilometern verständlich ist. Die Autoren gehen derzeit davon aus, dass mit diesen Planungen mehr Menschen in die Stadt Baden-Baden gezogen würden, wenn man die Engelswiese zur Stadt zählt.

Hungerberg: Dieser Abschnitt ist von der Engelswiese bergauf gelegen und wird inzwischen gut frequentiert und vielfältig genutzt. Auch ein gastronomisches Angebot ist vorhanden. Der Hungerberg bietet einen erstaunlich guten Blick auf das Neue Schloss und ist mit dem Pkw gut erreichbar, auch wenn die Anzahl der Parkplätze begrenzt ist und die Möglichkeiten für Rollstuhlfahrer eher sportlich zu sehen sind. Die Engelswiese ist meist verdeckt und wird teilweise als Verlängerung der parkähnlichen Anlage des Hungerbergs angesehen, was auch etwas dran liegt, dass der

Hungerberg eigentlich die Wirkung des Neuen Schlosses erhöht, wenn denn das Neue Schloss genutzt werden würde.

Neues Schloss: Auch wenn es derzeit an einen Investor mit guten Absichten verkauft ist oder war, so ist dort gerade überhaupt nichts los. Das Schloss ist eine Zeitkapsel, ein Bauwerk, das seit einem oder zwei Jahrhunderten nicht renoviert oder verändert wurde, aber immerhin noch nicht zusammengefallen ist. Auch ist zurzeit unklar, wie das Neue Schloss künftig genutzt werden soll: als 5- oder 6-Sterne-Hotel, als Altersheim, als Schule oder als Unterbringung aller Behörden der Stadt. Favorit der Autoren: eine Hochschule für Mode. Denn wenn es einen Ort in Baden-Württemberg gibt, wo man ausgefallene Mode tragen kann, dann ist es Baden-Baden mit seiner Innenstadt und seinen Alleen – und Sie werden vermutlich hinzufügen: die vielen großen Veranstaltungen, die Bälle, die Rennwoche in Iffezheim bis zu den vielen Preisverleihungen und sogar manchmal der ehemals in Baden-Baden ansässige Rundfunksender; für viele Menschen ein Grund, Baden-Baden zu besuchen.

Fürtenbergdenkmal: Das namensgebende Denkmalensemble mit dem Engel ist der Ausgangspunkt für alle Überlegungen. Erstaunlicherweise ist es nur zu Fuß zu erreichen. Wer aus der Perspektive einer bewegungseingeschränkten Person versucht hat, dieses Denkmal zu erleben, wird entweder genervt aufgegeben oder einen kräftigen Begleiter an der Seite gehabt haben. Mit dem

Rollstuhl, aber auch schon mit einem Rollator, ist der Zugang fast nicht möglich; hinzu kommen Wege, die immer wieder erstaunliches Gefälle oder entsprechende Steigungen aufweisen. Dabei ist diese Personengruppe durch die zahlreichen Kliniken und dem höheren Altersdurchschnitt der Stadtbevölkerung stark vertreten. Die Nutzung der jetzigen Engelswiese, insbesondere wenn man hier Veranstaltungen durchführen würde, also eine Teilhabe am kulturellen Leben, wäre derzeit für die Betroffenen nicht möglich, auch wenn dies wichtig wäre. Übrigens gibt es in der direkten Nähe (Herrengut) eine der wenigen Ferienwohnungen, die behindertengerecht eingerichtet wurde.

Der Vorschlag der Autoren ist: Die wichtigsten Wege zum Denkmal rollstuhlgerecht neu anzulegen. Um auf die Terrasse zu kommen, sind zwei Stufen zu überwinden, was keinen tiefen Eingriff in die Bausubstanz erfordern würde, wenn man Metallschienen oder Hartgummikeile anbringt. Eigentlich sollten Denkmäler heutzutage prinzipiell immer über Behindertenzugänge verfügen.

Unabhängig davon sollte man das Denkmal auf unterschiedliche Weise beleuchten, denn die Illumination des Denkmals drückt auch Wertschätzung und die Qualität des Kunstwerks aus. Dies muss keine starke Dauerbeleuchtung sein, vielmehr wäre eine dezente, der Straßenbeleuchtung angepasste Beleuchtung des Zugangs sinnvoll und möglicherweise eine auf das Denkmal gerichtete Beleuchtung. Dies dient vor allem für die Sicht vom Neuen Schloss und der Engelswiese aus.

Amphitheater: Eine solche Anlage könnte man ohne größere Erdbewegungen anlegen, wenn man   den unteren Nordhang der Engelswiese nutzt und die Eigenschaft, dass der Hang im Gegensatz zum Standort des Spielplatzes auf der Sonnenseite liegt, berücksichtigt. Diese Stelle ist windoffen und nicht ganztägig beschattet wie der Spielplatz. Dass dieser Platz nicht komplett von März bis Oktober ausschließlich der Sonne ausgesetzt ist, wird der vorgesehenen Nutzung durchaus gerecht.

Der Standort ist nahe dem Zentrum und leicht erreichbar. Dazu passt auch die Idee der

Speakers Corner: Diese im Badischen nicht bekannte Idee könnte sowohl unten am geteerten Zugang zur Engelswiese und zum Spielplatz oder auch ähnlich oben mitten in der Wiese entstehen: eine Art Kanzel für jeden. Eine Kanzel, die dazu dienen kann, anderen Menschen eine Geschichte zu erzählen, Demonstrationen mit nur einer Handvoll Demonstranten einen würdigen Anblick zu verleihen und damit auch die aktuell genutzte Fläche zwischen Kurhaus und Leopoldsplatz freizuhalten. So könnte mit wenig Beton eine ganz neue Art der zwischenmenschlichen Begegnungen zum Wohle der ganzen Stadt geschaffen werden.

Spielplatz: Der jetzige Spielplatz liegt im schattigen Bereich zum Neuen Schloss hin und wird insbesondere im Sommer gerne wegen der dann angenehmen Kühle genutzt. Hauptbesuchergruppe sind die Schulkinder aus den umliegenden Schulen. Das mag auch daran liegen, dass man diesen Spielplatz nur kennt oder findet, wenn man die Wege dort begeht, was bei den Steigungen wirklich ein Kraftakt ist.

Atelierhaus: Jetzt hat sich vor Ihrem Auge vermutlich ein umfangreiches Bild dieser Engelswiese aufgebaut. Ein Herzstück wäre noch denkbar: Ein Atelierhaus, denn diese Wiese mit Quellen und vielen neuen Wasserflächen bleibt eine Wiese, in die mehrere Komponenten eingebaut werden können. Das eine wäre ein Atelierhaus auf Stelzen, um die Wiese nicht hart zu unterbrechen und um Ruhe für den Künstler zu haben, der Neues schaffen will.

Fassung der Thermalquelle im Plutterloch: Es ist erstaunlich, wie die Stadt Baden-Baden mit diesem Naturgeschenk, das für Touristen und für Einheimische eine wunderschöne Quelle sein könnte, umgeht. Die Quelle ähnelt derzeit einem Abwasserkanal, wie man ihn in Norddeutschland zur Entwässerung von feuchten Wiesen anlegt. Die hohen Bäume in der Nähe sehen krank aus und wurden bereits ausgelichtet. Dennoch beschatten diese den ohnehin feuchten und dunklen Verlauf. Die Steigerung findet sich im geteerten Weg vom Kaufhaus Wagener zur Engelswiese durch dieses Gebiet. Hier sieht es derzeit nach vernachlässigtem Wald aus, dabei wären viele Lösungen denkbar. Die Autoren hatten zum Beispiel an einen Baukörper mit drei Ebenen gedacht. Dieser Baukörper soll eine Hommage an die Wasserkunstanlage „Paradies" aus dem Wohngebiet in Baden-Baden.

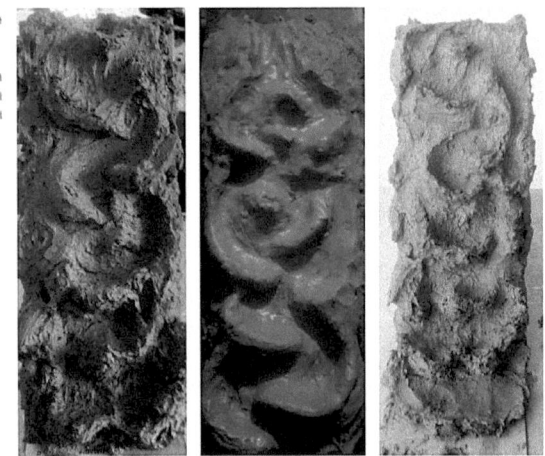

Durch die sinnvolle Nutzung des vorhandenen Wassers wäre eine Verbindung von Wasser zu Baden-Baden ersichtlich, im Sommer Kühlung vorhanden, eine Frostgefahr im Winter eher gering, da es sich um eine warme Quelle handelt.

Diese Planungen würden Geld kosten, auch wäre zu überlegen, ob man z. B. Platz für unregelmäßig stattfindende Kunstausstellungen vorsieht. Welche Stadt kann eine so zentrumsnahe Fläche neu gestalten und als touristischen Anziehungspunkt wirken lassen?

Bei Umfragen im kleinen Bereich kommt als Wunsch von Touristen immer wieder das Wort „Wasser", egal ob als Bach, Brunnen oder Quelle. Wichtig wäre das „Erlebnis Wasser", das in der jetzigen, kanalisierten Oos nicht möglich ist und welches viele erst durch die Fahrt zum wenige Kilometer entfernten Geroldsauer Wasserfall erleben. Die bisherigen Angebote der Stadt, eben Trinkhalle, Caracallatherme oder Friedrichsbad sowie der ehemalige Fernsehbrunnen vor einem aktuell in Umbau befindlichem Hotel reichen nicht aus, die jetzigen touristischen Bedürfnisse nach Wasser in der Stadt zu erfüllen.

Bunker: Gemeint ist hier nicht der aus dem Golfsport bekannte Bunker, auch nicht die Umschreibung für größere Häuser aus Beton, sondern eben der Schutzraum gegen äußere Einwirkungen, wie er in vielen Städten wenig bemerkt vorhanden ist. In Baden-Baden sind Stand 2021 keine öffentlichen Bunker vorhanden. Idee ist, den unschönen Wald von der Fußgängerzone zur offenen Engelswiese durch ein mehrgeschossiges, begrüntes Bauwerk zu erschließen, auf dem durch Wasser attraktive Bereiche geschaffen werden. So könnte selbst einem geschulten Auge kaum auffallen, welches große Volumen dort umbaut wurde, das derzeit noch ein unschöner schluchtenartiger Zufahrtsweg ist.

Bürgeraktion

Der Bedarf an sozialen Begegnungsräumen, in welchen kulturelle und ästhetische Bildung gefördert werden, ist durch die Folgen der Copronapandemie erheblich gestiegen. So werden z. B. Kinder und Jugendliche nur noch bei Suizidgefahr in entsprechenden Kliniken wegen Überbelegung aufgenommen. Um einen Ausgleich gegenüber den digitalen Angeboten anzubieten, in denen Menschen sich zunehmend voneinander entfremden, werden Begegnungsstätten, die Natur und Umwelt nicht nur theoretisch, sondern über das reale Erleben und Erfahren ermöglichen, im sozialen Miteinander dringend notwendig.

Was ging voraus?

Im Oktober 2020 lud der Verein PKWS e. V., der seinen Sitz im Herrengut 8 hat, die Bewohner des Herrenguts zu einem Nachbarschaftstreffen ein. Von 100 eingeladenen Gästen waren 33 zur „Waldschänke" am Hungerberg gekommen. Dort stellte einer der Autoren Fotos aus der privaten Sammlung von Willi Hurrle, einem ehemaligen Bewohner des einstigen Guts- und Fuhrhofs „Herrengut" aus. Unter den Teilnehmern fand ein reger Austausch zwischen den „*alten Herrengutlern*" und den Zugezogenen statt. Bei diesem Treffen wurde auch über das Restaurierungsanliegen des Fürstenbergdenkmals gesprochen, das an die Stadt Baden-Baden gerichtet worden war. Diesem Anliegen, so zeigte es sich, wurde Gehör geschenkt. Das Fürstenbergdenkmahl aufwendig saniert und findet seither großen Anklang bei den Besuchern.

Für den Künstler Claus Kohr hatte die Beschäftigung mit der historischen Betrachtung des *Herrenguts* unverhofft eine weitreichende Wirkung. Denn die hier während der Kindheit und Jugend verlebten Jahre waren im späteren Leben rückblickend verantwortlich für biografische Prägungen. Die besondere geologische und geografische Lage Baden-Badens mit ihrer eigenen Fauna und Flora, ihrer historischen und multikulturellen Entwicklung, prägt auch hier die vor Ort lebenden Menschen. Näher betrachtet waren es erstaunliche Aspekte der als Kind erlebten Erfahrungswelt, die im späteren Leben inspirierend und richtungsweisend bis hin zur beruflichen Orientierung werden sollten. Es ist hier nicht der Raum, dies in seiner Fülle darzustellen, aber es kann den Hintergrund verständlich machen, aus welchem die Motivation entsteht, dankbar etwas dem Ort und dem Umfeld zurückzugeben, in dem sich eine künstlerische Existenz entwickeln konnte. Die Schönheit und die Vielseitigkeit der Landschaft, verbunden mit einem reichen kulturellen Angebot, macht bis heute Baden-Baden aus. Es ist der Raum, in dem sich Kunst entwickeln kann und sich vielerorts darbietet. Den Bewohnern ist es klar, dass sie an einem Ort leben, an dem andere Urlaub machen.

Die Motivation der beiden Autoren dieses Buchs ist es, dem kleinen Tal mit seiner Engelswiese und seinem zugehörigen Engel, dem *Fürstenbergdenkmal,* etwas von seinem inneren Potenzial abzulauschen und künstlerisch verwandelt zurückzugeben. Der ENGEL selbst war wieder zu entdecken, fand er bisher erstaunlich wenig Erwähnung und Aufmerksamkeit in der Literatur. Über die Stellung des Fürstenbergdenkmals, kunsttheoretisch betrachtet, wird zu einem späteren Zeitpunkt Weiteres ausgeführt. Es wird hier nur dem Drang nachgegangen, das kleine Tal mit seiner Heilquelle und dem Pflutterbach in seiner geschützten Lage und seinem imposanten Denkmal eine künstlerische Gestaltung dem Charakter nach im Gewand eines Gesamtkunstwerks zu geben. Dies mag verständlich machen, wie es dazu kam, dass dem Tal ein kleines Amphitheater, gedacht auch als *offener Klassenraum* und ein temporäres mobiles Atelierhaus zugesellt wird. Das Tal bietet die einzigartige Gelegenheit, auf kleinstem Raum zentral gelegen und für jeden erreichbar ein offenes Zentrum für ästhetische und kulturelle Bildung zu schaffen. Ein Ort, an dem erprobt werden kann, wie Naturerfahrung, Kunst und Soziales sich vermitteln lassen.

Claus Kohr verbrachte in seiner Kindheit viel Zeit auf dem Herrengut und assistierte dem Bauern Willi Hauck bei der Heuernte auf der Engelswiese und bei der Pflege und Versorgung der Tiere. Den Pferden wurden vor der Ausfahrt mit der Kutsche die Hufe schwarz mit Schuhwichse gebürstet und die ergrauten Augenbrauen wieder schwarz eingefärbt. Die Mahlzeiten für die Schweine waren die Essensreste der umliegenden Hotels und wurden mit einem Pritschenwagen transportiert. Wer hinten zwischen den Wannen saß und dafür Sorge zu tragen hatte, dass diese nicht während der Fahrt verrutschten, hatte oft mit den unappetitlichen, einst delikaten Speisen, die inzwischen ein Eigenleben entwickelt hatten, zu kämpfen. Nur den Schweinen machte das nichts aus.

Die *alten Herrengutler* waren verliebt in ihr hiesiges Dasein und schon immer dankbar für den stillen Ort. Als 1953 das Kinderfrühlingsfest von der Stadt Baden-Baden eingerichtet wurde, fanden für die Kinder jedes Jahr aufwendige Umzüge statt. Kinder und Wägen wurden mit Blumen und Brezeln ausstaffiert und zogen durch die Straßen und am Kurhaus vorbei. Es war vermutlich das Jahr 1956, als angeleitet durch Herrn Reih, der in dem schönen im italienischen Landhausstil erbauten Herrengut 1 wohnte, ein Umzugswagen gebaut wurde, der die Architektur des Fürstenberg-denkmals thematisierte. Zum Engel wurde die hübsche Schwester von Willi Huck auserkoren, die wie auf dem beigefügten Foto zu sehen ist, das Amt würdevoll ausführte.

Das Herrengut war aber auch für andere Anlässe stets von Bedeutung. So wurden jährlich zu Festzeiten z. B. zu Ehren der Muttergottes Altäre aufgebaut, an denen die an der Stiftskirche begonnenen Prozessionen vorbeiführten. Farbenfrohe Blumen-teppiche waren auf den Wegen ausgebreitet. Aber auch pädagogisch wurde die kleine Siedlung regelmäßig zur Gesunderhaltung und sportlichen Ertüchtigung der Jugend vom Sportlehrer Allwelt für die Schüler des damaligen *Pädagogiums* genutzt. Der Sportunterricht begann stets mit einem Lauf um das beschriebene Gebiet, also über das Herrengut zum Engel und über die Leopoldstraße zurück zum Pädagogium.

In den 1950er-Jahren wurde die Engelswiese noch landwirt-schaftlich genutzt. Das Heu bekamen die Rinder und Pferde des Gutshofs. Zum Hungerberg hin lag die damalige Schlossgärtnerei, in der der junge Claus Kohr dank seiner freundschaftlichen Beziehung zum Schlossgärtner seine erste offizielle und honorierte Arbeitsstelle antreten konnte. Der wohlwollende Gärtner Richter erinnerte ihn regelmäßig bei jeder Begegnung daran: Wenn er im Leben „etwas Gescheites" werden wolle, doch Lehrer, Apotheker oder Arzt werden solle – und nicht Gärtner, Künstler oder Architekt.

Übrigens hat der Künstler Claus Kohr Ende 2021 für sein Projekt „Anlage Gold" eine Förderung des Ministeriums für Wissenschaft, Forschung und Kunst Baden-Württemberg bekommen. Das Projekt ist aktuell in der Umsetzungsphase.

Und die anderen Mitwirkenden

Es gab viele viele Mitwirkende, die mich bei diesem Buchprojekt unterstützten und nur zum kleinen Teil an irgendeiner Stelle hier genannt oder umschrieben sind – oder man schlicht nur einen Rücken mit Engelsflügeln sieht. Danke!

Jetzt werden Sie sich wundern, warum da ein Jo Horstkotte auf dem Buchumschlag steht, aber hier erst an vorletzter Stelle steht. Die Erklärung ist ganz einfach: Meine Tätigkeit bestand im Zuhören und Zusammensetzen der vielen verschiedenen Anregungen. Das ist etwas, was ich eigentlich auch beruflich die letzten 25 Jahre als Ingenieur gemacht habe: das Verknüpfen von verschiedenen Ideen zu einem funktionierenden technischem Produkt. Da war dann dieses Engelsbuch ein Neuland, denn ich bin in Baden-Baden nur Zugezogener. Bei diesem Projekt konnte ich mich auf

Angelika Kastner verlassen. Als Autor war ich mir sicher, dass sie die Details penetrant nachfragt, überprüft und ergänzt, wie Sie es schon bei vielen Unterlagen beruflich für mich getan hatte. Aber der eigentliche Grund, Angelika einzubinden, war, dass sie Kunstgeschichte studiert hat (das liest man oft in Baden-Baden) und vor allem auch zu Ende gebracht hat – mit dem M. A., dem Magister artium. In ihrer Magisterarbeit hatte sie sich mit den Apokalypse-Motiven der Bilderwelt des Karlsruher Künstlers Emil Wachter in der Autobahnkirche Baden-Baden beschäftigt.

Aber das alles sollte nicht von den PKWS e.V. ablenken, für den dieses Buch erstellt wurde und der als gemeinnütziger Verein auf Spenden und Mitarbeit angewiesen sind!

Es gab viele Ansätze, das Thema „Engel" darzustellen – hier ist ein „Corona-Engel" mit einem teufelsähnlichen Wesen mit Besen in Geroldsau unterwegs.

Vom Hilfswerk Elisabeth e. V. zum PKWS e. V.

Vor fast 70 Jahren wurde dem Verein durch seinen Gründer Adalbert Graf von Keyserlingk der Name „*Hilfswerk Elisabeth e. V.*" verliehen. Bis 2010 wurde das Hilfswerk Elisabeth e. V. für seine Projekte hauptsächlich durch einen von Peter von Siemens gespendeten Fonds finanziert. Der Verein ist nicht konfessionell gebunden und verfolgt keine parteipolitischen Ziele.

Der Name „*Hilfswerk Elisabeth*" bezieht sich auf Elisabeth von Thüringen. Von dem Gründer wurde hiermit ein Sinnbild für die tätige Nächstenliebe gegeben.

Elisabeth von Thüringen wurde im Jahr 1207 als Tochter des ungarischen Königs Andreas II. geboren. Bereits im Alter von vier Jahren wurde die mit reicher Mitgift ausgestattete Elisabeth nach Thüringen gebracht. Die Erziehung eines jungen Mädchens in der Familie ihres zukünftigen Ehemanns war innerhalb von Adelsfamilien üblich. Elisabeth wuchs deshalb überwiegend auf den Residenzen der thüringischen Landgrafenfamilie auf und kam dadurch auch in Kontakt mit bedeutenden Vertretern der deutschen Minnedichtung. Ihre Bildung und ihr großes Engagement für die Armen- und Krankenfürsorge gelten auch heute noch als herausragendes Beispiel mittelalterlicher Frauenbiografien. Im Jahr 1221 wurde die Hochzeit mit dem sieben Jahre älteren Landgrafen Ludwig von Thüringen vollzogen. Der Namensbezug des Hilfswerkes auf Elisabeth bezeugt Verehrung gegenüber einer großen Frau, Respekt gegenüber einem schweren Schicksal und Bewunderung für ein in Liebe zum Mitmenschen geführtes, wenn auch kurzes Leben.

Zweck des Vereins war und ist die Förderung von Kunst, Kultur, Bildung und sozialen Projekten im Sinne der Integration und Inklusion. In der Mitgliederversammlung 2016 wurde in gemeinsamer Initiative die Änderung des Vereinsnamens in PKWS (Verein zur Förderung von **P**rojekten in **K**unst, **W**issenschaft und **S**ozialem) vollzogen mit dem Anliegen, die Förderschwerpunkte und Aktivitäten des Vereines direkt im Vereinsnamen widerzuspiegeln.

Für weitere Informationen über derzeitige Projekte und Initiativen des Vereins besuchen Sie unsere Website: `www.kunst-pkws.de`!

Derzeitiger Vereinssitz:

Herrengut 8,

76530 Baden-Baden,

Tel.: 07221 3022844

Spendenkonto:

GLS Bank, Konto-Inhaber: PKWS e. V.

IBAN: DE21 4306 0967 7031 5964 00